Die staatliche Überwachung der Prostitution.

Zum Handgebrauch
für preußische Polizei- und Verwaltungsbeamte.

Von
Dr. jur. Franz Schuppe,
Kriminal-Kommissar am Königlichen Polizei-Präsidium in Neukölln.

Berlin 1914.
J. Guttentag, Verlagsbuchhandlung,
G. m. b. H.

Vorwort.

Dieses Büchlein soll einem in Polizeikreisen hervorgetretenen Mangel abhelfen. Ich hoffe aber, auch anderen Beamten, insbesondere Richtern und Staatsanwälten, damit zu dienen.

Mein Ziel bei der Arbeit war, eine knappe zusammenhängende Darstellung der für die staatliche Überwachung der Prostitution geltenden allgemeinen straf- und verwaltungsrechtlichen Bestimmungen zu geben unter besonderer Berücksichtigung der für den Umfang der Monarchie erlassenen Ministerialverfügungen. Eine bis ins einzelne gehende Erörterung des praktischen Dienstes mußte wegen der großen Verschiedenheit der örtlichen Verhältnisse, von denen der praktische Dienst abhängig ist, von der Bearbeitung ausscheiden.

Bei wichtigen Fragen habe ich aus der Literatur und aus den Entscheidungen der höchsten Gerichte zitiert, um demjenigen Leser, welcher vielleicht beabsichtigt, sich eingehend und in wissenschaftlicher Weise zu orientieren, entgegenzukommen.

Neukölln, im April 1914.

Dr. **Franz Schuppe.**

Inhalt.

§ 1.

Einleitung und Übersicht über die allgemeine Rechtslage.

Die Prostitution ist eine Erscheinung, welche so alt ist, wie die Menschheit selbst. Zu allen Zeiten und bei allen Völkern hat die Nachfrage nach Prostituierten bestanden. Aber stets haben sich auch die Folgeerscheinungen der Prostitution in einer Weise gezeigt, welche ein staatliches Eingreifen durch gesetzgeberische Maßnahmen nahelegten. Denn die Prostitution birgt große Gefahren für die Gesamtheit in sich, und zwar namentlich nach zwei Richtungen hin, für die öffentliche Ordnung und für die öffentliche Gesundheit. Aus diesem Grunde haben sich die meisten Kulturstaaten zu gesetzgeberischem Eingreifen entschlossen. Hierbei war indessen eine radikale Bekämpfung durch polizeiliche und strafrechtliche Repression, wie sie in früheren Zeiten durch grausame Strafen vielfach versucht worden ist, als erreichbares Ziel der Gesetzgebung ausgeschlossen. Erreichbar dagegen erschien: die Eindämmung der Prostitution, ihre Zurückdrängung aus der Öffentlichkeit, und vor allem die Bekämpfung der Geschlechtskrankheiten.

In diesen Richtungen bewegt sich denn auch die gesetzgeberische Regelung der meisten Staaten.

Im grundsätzlichen Gegensatz zu der von den meisten Staaten vertretenen Anschauung, daß die Prostitution wegen ihrer großen Gefahren für die Gesamtheit zu überwachen ist, steht der Abolitionismus, eine internationale Bewegung, welche die Beseitigung jeder staatlichen Reglementierung erstrebt.

In einzelnen Staaten, z. B. England, sind die abolitionistischen Anschauungen zur Herrschaft gelangt. (Über die Folgen hinsichtlich der Verbreitung der Geschlechtskrankheiten, siehe Seite 28.)

Bei der Betrachtung der allgemeinen Rechtslage ist zunächst zu unterscheiden zwischen der strafrechtlichen und der verwaltungsrechtlichen Seite. Die strafrechtliche Seite der Materie ist reichsgesetzlich durch die §§ 361 Ziff. 6, 362 des Strafgesetzbuches geregelt.

„Mit Haft wird bestraft:

eine Weibsperson, welche wegen gewerbsmäßiger Unzucht einer polizeilichen Aufsicht unterstellt ist, wenn sie den in dieser Hinsicht zur Sicherung der Gesundheit, der öffentlichen Ordnung und des öffentlichen Anstandes erlassenen polizeilichen Vorschriften zuwiderhandelt, oder welche, ohne einer solchen Aufsicht unterstellt zu sein, gewerbsmäßig Unzucht treibt."

„Bei der Verurteilung zur Haft kann zugleich erkannt werden, daß die verurteilte Person nach verbüßter Strafe der Landespolizeibehörde zu überweisen sei. Durch die Überweisung erhält die Landespolizeibehörde die Befugnis, die verurteilte Person bis zu zwei Jahren entweder in ein Arbeitshaus unterzubringen oder zu gemeinnützigen Arbeiten zu verwenden."

Aus diesen reichsgesetzlichen Bestimmungen ergibt sich für alle Bundesstaaten der folgende Standpunkt: Die Prostitution ist grundsätzlich strafbar — Delikt der Gewerbsunzucht — sie wird aber geduldet bei Personen, die einer polizeilichen Aufsicht unterstehen (Toleranzsystem).

Eine derartige Person macht sich nur dann strafbar, wenn sie den zur Sicherung der Gesundheit und der öffentlichen Ordnung erlassenen Vorschriften zuwiderhandelt (Sittenpolizeikontravention).

Beide Tatbestände des § 361 Ziff. 6 des Strafgesetzbuches verweisen auf polizeiliche, also landesrechtliche, Bestimmungen in der Weise, daß solche Bestimmungen die grundlegende Voraussetzung für eine Bestrafung bilden. Für Preußen kommt in erster Linie der § 10, Teil II, Titel 17 des Allgemeinen Landrechts in Betracht: „Die nötigen Anstalten zur Erhaltung der öffentlichen Ruhe, Sicherheit und Ordnung und zur Abwendung der dem Publiko oder einzelnen Mitgliedern desselben bevorstehenden Gefahr zu treffen, ist das Amt der Polizei."

Diese Stelle ist noch heute die allgemeine Rechtsgrundlage für jede polizeiliche Tätigkeit und ist innerhalb der gesamten Monarchie in Geltung. (Anschütz, die Verfassungsurkunde für den preußischen Staat. 1912. Bd. I, S. 140.) Aus ihr ergibt sich mit Notwendigkeit die Verpflichtung der Polizei zu Maßnahmen gegenüber der Prostitution, welche die größten Gefahren für die öffentliche Ordnung und Gesundheit in sich birgt.

Als rechtliche Grundlage für polizeiliches Einschreiten kommt ferner in Betracht das preußische Gesetz zum Schutz der persönlichen Freiheit vom 12. Februar 1850. Die Polizeibehörden sind nach § 6 dieses Gesetzes berechtigt, zwecks Aufrechterhaltung der öffentlichen Ordnung und Sittlichkeit Personen in Verwahrung zu nehmen.

Aus diesem kurzen Überblick ergeben sich für die Sittenpolizei, d. h. für den Teil der polizeilichen Tätigkeit, welcher sich mit der Prostitution zu beschäftigen hat, folgende Aufgaben:

1. Beobachtung und Ermittlung derjenigen Personen, welche gewerbsmäßig Unzucht treiben,
2. Maßnahmen zu treffen, um die aus dem Betriebe der Prostitution entstehenden Gefahren für die öffentliche Ordnung und Gesundheit abzuwenden.

Die Polizei ist deshalb berechtigt, Personen, welche gewerbsmäßig Unzucht treiben, einer besonderen Aufsicht zu unterwerfen und Vorschriften zur Sicherung der öffentlichen Ordnung und Gesundheit zu erlassen.

Die gesetzliche Befugnis hierzu gemäß § 10 Teil II Titel 17 des Allgemeinen Landrechts unterliegt nach allgemeiner Lehre und konstanter Entscheidung des Oberverwaltungsgerichts keinem rechtlichen Bedenken (v. Bitter, Handwörterbuch der preußischen Verwaltung II, S. 461, Entscheidungen des Oberverwaltungsgerichts Bd. III, S. 338, Bd. XXX, S. 417). Diese Befugnis der Polizeibehörden ist, wie aus der Literatur zu ersehen ist, durch die Strafbestimmung des § 361 Ziff. 6 reichsgesetzlich anerkannt worden. Denn eine Betrachtung der historischen Entwicklung und der Grundsätze des früheren preußischen Rechts in Verbindung mit dem Wortlaut der Motive zum Strafgesetzbuch zeigt, daß der jetzt im Strafrecht zum Ausdruck gekommene Standpunkt dem preußischen Recht längst bekannt war, und daß mit der Bestimmung des § 361 Ziff. 6 der preußische Standpunkt als vorbildlich für das Reichsrecht bezeichnet werden sollte. (Frank, Deutsches Strafgesetzbuch, 1912, S. 314, v. Bitter a. a. O. Bd. II, S. 461, Schuppe, Die verwaltungsrechtlichen Voraussetzungen für eine Bestrafung wegen Sittenpolizei-Kontravention, Dissertation, Greifswald, 1913, S. 17—29.)

---

§ 2.

Wesen und Wirkung der sittenpolizeilichen Aufsicht und der Vorschriften zur Sicherung der öffentlichen Ordnung und Gesundheit.

Die sittenpolizeiliche Aufsicht ist, wie vorhin bereits erwähnt, eine Maßregel der Polizei auf Grund ihrer Aufgaben gemäß § 10 Teil II Titel 17 des Allgemeinen Landrechts. Sie hat zum Zweck und Inhalt die Befolgung und Überwachung von Vorschriften zur Sicherung der öffentlichen Ordnung und zur Abwendung von Gefahren für die öffentliche Gesundheit.

Die wichtigste Voraussetzung für diese Maßregel ist das Vorliegen von gewerbsmäßiger Unzucht.

Die Tatbestandsmerkmale der Erwerbsunzucht sind gesetzlich nicht ausgesprochen, sie sind aber durch die Wissenschaft und die Rechtsprechung der höchsten Gerichte festgestellt und daher für die Polizei maßgebend.

Besondere polizeiliche Tatbestandsmerkmale sind ausgeschlossen. (Entscheidung des Oberverwaltungsgerichts, Bd. III, S. 337.)

Gewerbsunzucht liegt dann vor, wenn die Unzucht mit der Absicht betrieben wird, sich einem individuell nicht bestimmten Personenkreise gegen Entgelt hinzugeben und hieraus eine Erwerbsquelle zu machen. Der Betrieb muß sich an das Publikum richten. Deshalb ist der geschlechtliche Verkehr gegen Entgelt mit einem oder mehreren bestimmten Männern nicht Gewerbsunzucht im Sinne des Gesetzes. Der Begriff der Unzucht ist hier im weitesten Sinne zu verstehen. Er umfaßt nicht nur die reguläre Beischlafsvollziehung, sondern auch, was vielfach übersehen wird, alle den Anforderungen von Zucht und Sitte zuwiderlaufenden, die Erregung und Befriedigung menschlicher Geschlechtslust bezweckenden Handlungen im Verkehr mehrerer Personen miteinander. (Entscheidungen des Reichsgerichts in Strafsachen Bd. 37 S. 304, 305, Bd. 41 S. 59.)

Die übrigen Voraussetzungen für eine Stellung unter sittenpolizeiliche Aufsicht sind durch das preußische Verwaltungsrecht vorgeschrieben. Grundlegend ist hierfür die Verfügung des Ministers des Innern vom 11. September 1902 und die gemeinschaftliche Verfügung der Minister des Innern und der geistlichen, Unterrichts- und der Medizinalangelegenheiten vom 11. Dezember 1907. Diese letztere Verfügung bedeutet eine weitgehende Reform der sittenpolizeilichen Aufsicht nach modernen Grundsätzen und in humanem Sinne.

Bei der Behandlung der Prostitution sind zunächst drei nach dem Lebensalter bestimmte Gruppen zu unterscheiden, und zwar Personen unter 18 Jahren, zwischen 18 und 21 Jahren und über 21jährige Personen.

Mädchen unter 18 Jahren sollen der sittenpolizeilichen Aufsicht grundsätzlich nicht unterworfen werden. Die Polizei hat sich darauf zu beschränken, die Vorgänge dem zuständigen Vormundschaftsgericht zwecks Einleitung des Fürsorgeerziehungsverfahrens zu übermitteln, oder, bei Gefahr im Verzuge, die Person dem Jugendgericht vorzuführen.

Bei allen anderen Personen ist die Stellung unter sittenpolizeiliche Aufsicht wegen gewerbsmäßiger Unzucht zulässig, jedoch nur unter der Voraussetzung, daß eine gerichtliche Bestrafung wegen Gewerbsunzucht bereits erfolgt ist.

Die Vorgänge müssen also stets erst an die zuständige Amtsanwaltschaft abgegeben werden und die Stellung unter die Aufsicht der Sittenpolizei kann erst verfügt werden, wenn die betreffende Person nach erfolgter Bestrafung wieder nachweisbar Gewerbsunzucht getrieben hat.

Diese Bestimmung ist durch den Ministerialerlaß vom 11. Dezember 1907 eingeführt und ist wegen ihrer Folgen und ihrer Tendenz von großer Bedeutung. Denn die gerichtliche Bestrafung kann, namentlich wenn gegen das Urteil der ersten Instanz ein Rechtsmittel eingelegt wurde, oft erst nach Monaten rechtskräftig werden, so daß also, wenn die Person doch weiter Unzucht treibt, in den polizeilichen Maßnahmen eine erhebliche Verzögerung und Erschwerung eintreten muß. Das ist aber gerade beabsichtigt. Um Mißgriffe unter allen Umständen zu vermeiden, wollte man die gerichtliche Entscheidung zur Voraussetzung und Grundlage für die polizeiliche Maßnahme der Aufsicht machen, diese also vom Richterspruch abhängen lassen. (Lindenau, zur Reform der Sittlichkeitsgesetzgebung. In der deutschen Juristenzeitung vom 1. März 1908, Nr. 5, S. 279.)

Gleichzeitig war hierdurch die Möglichkeit gegeben, während der Zeit des schwebenden Verfahrens auf die Person in charitativer Weise einzuwirken und mit Hilfe der Rettungsvereine ihr die Möglichkeit zur Rückkehr in geordnete Verhältnisse zu geben. Bei minderjährigen Personen kommt auch noch eine elterliche und vormundschaftsgerichtliche Einwirkung in Frage. Denn nach dem Ministerialerlaß vom 11. September 1902 sind Eltern und Vormundschaftsgericht amtlich von den Fällen, in welchen Minderjährige sich der Gewerbsunzucht verdächtig gemacht haben, zu benachrichtigen. Die Eltern bzw. Vormünder sind amtlich aufzufordern, dem unsittlichen Treiben Einhalt zu tun.

Die Stellung unter die Aufsicht der Sittenpolizei auf Grund lediglich polizeilicher Ermittelungen soll nach dem Erlaß vom 11. Dezember 1907 nur bei solchen Personen zulässig sein, welche früher bereits unter Kontrolle gestanden haben, sodann aus der Kontrolle entlassen sind, und nun von neuem Gewerbsunzucht treiben. In diesem Falle erübrigt sich also die gerichtliche Feststellung, daß Gewerbsunzucht vorliegt, weil hier Mißgriffe kaum zu befürchten sind. Ebenso erscheint es rechtlich unbedenklich, eine Person ohne vorausgegangene gerichtliche Bestrafung der sittenpolizeilichen Aufsicht zu unterwerfen, wenn diese Person selbst erklärt, Gewerbsunzucht getrieben zu haben und weiter treiben zu wollen, und wenn sie selbst beantragt, unter Aufsicht gestellt zu werden.

Eine andere Frage ist, ob es zweckmäßig ist, in solchen Fällen sogleich mit Verhängung der Aufsicht vorzugehen, und ob es nicht besser ist, abzuwarten, ob nicht durch eine charitative Einwirkung eine Besserung in dem Lebenswandel herbeizuführen ist.

Der Ministerialerlaß vom 11. Dezember 1907 spricht sich nicht darüber aus, ob die als Unterlage für die Verhängung der sittenpolizeilichen Aufsicht geforderte gerichtliche Bestrafung wegen Gewerbsunzucht an dem Orte erfolgt sein muß, an welchem die Kontrolle verfügt wird. Der Erlaß besagt auch nicht, binnen welchen Zeitraumes eine früher erfolgte Bestrafung noch als Voraussetzung für die Verhängung der Aufsicht dienen kann.

Vergegenwärtigt man sich die Gründe, welche zur Einführung der Bestimmung geführt haben, so ergibt sich ohne weiteres der Aufschluß über die in der Verfügung offen gelassenen Punkte. Maßgebend für die Einführung des Erfordernisses der gerichtlichen Bestrafung war, wie oben bereits erwähnt, der glückliche und zweifellos richtige Gedanke, daß hierdurch größere Rechtssicherheit geschaffen würde und Mißgriffe kaum vorkommen könnten. Es kann deshalb der Ort des Gerichtes, von welchem die Bestrafung erfolgt ist, nicht von Bedeutung sein. Selbstverständlich ist allerdings, daß nur ein inländisches Gericht in Frage kommen kann. Es handelt sich im übrigen nur darum, daß die Person wegen gewerbsmäßiger Unzucht bereits bestraft worden ist, von welchem Gericht, ist ohne Belang.

Aus denselben Gründen kann auch der Zeitpunkt der erfolgten Bestrafung kaum ins Gewicht fallen. Denn die durch gerichtliches Urteil erhärtete Tatsache, daß die betreffende Person schon einmal Gewerbsunzucht getrieben hat, behält, auch wenn die Bestrafung schon längere Zeit zurückliegt, stets eine gewisse Bedeutung für die Beurteilung der Lage, und muß deshalb dementsprechend berücksichtigt werden. Ausschlaggebend kann selbstverständlich nur das zurzeit vorhandene Beweismaterial für Gewerbsunzucht sein. Ist dies vorhanden und ist die frühere Bestrafung festgestellt, so stehen vom rein verwaltungsrechtlichen Standpunkt aus der Stellung unter sittenpolizeiliche Aufsicht Bedenken nicht entgegen. Trotzdem wird diese in der Regel erst dann zu verfügen sein, wenn feststeht oder aus den Umständen anzunehmen ist, daß charitative Einwirkungen keinen Erfolg haben. (Hierüber § 3.) In diesem Falle ist die Aufsicht zu verhängen. Dies geschieht durch polizeiliche Verfügung, gegen welche die in den §§ 127 f. des Gesetzes über die allgemeine Landesverwaltung vom 30. Juli 1883 bezeichneten Rechtsmittel zulässig sind, also wahlweise Beschwerde oder Klage im Verwaltungsstreitverfahren. Die Einlegung eines Rechtsmittels hat aufschiebende Wirkung. Jedoch kann die Verfügung zur Ausführung gebracht werden, sofern sie nach dem Ermessen der Behörde ohne Nachteil für das Gemeinwesen nicht ausgesetzt bleiben kann. (§ 53 des Gesetzes vom 30. 7. 1883.)

Zuständig für die Verfügung ist diejenige Polizeibehörde, in deren Bezirk die Prostituierte ihrem Gewerbe nachgeht, auch wenn sie ihren Wohnsitz an einem andern Ort hat. (Preußisches Verwaltungsblatt Bd. 21 S. 61.) Treibt die Prostituierte auch in ihrem Wohnort Gewerbsunzucht, so ist sie auch hier der Aufsicht zu unterwerfen. Der Fall einer doppelten Aufsicht ist in benachbarten Großstädten, namentlich im Landespolizeibezirk Berlin, häufig. (Über die gesundheitspolizeiliche Beaufsichtigung in solchen Fällen siehe § 4.)

Den ordentlichen Gerichten steht eine Prüfung über die Rechtmäßigkeit der Verhängung der polizeilichen Aufsicht nicht zu. Sie haben lediglich die Tatsache der bestehenden Aufsicht zu berücksichtigen. (Olshausen, a. a. O. Bd. II, S. 1459.)

Dies ist besonders wichtig bei Sittenpolizeikontraventionen, wo die Aufsicht die Grundlage für die Strafbarkeit der Übertretung sittenpolizeilicher Vorschriften bildet.

Die Wirkung der Stellung unter die Aufsicht der Sittenpolizei ist, daß die betreffende Person nunmehr bei Vermeidung gerichtlicher Bestrafung verpflichtet ist, die im Interesse der öffentlichen Ordnung und Gesundheit erlassenen Vorschriften zu befolgen. Andererseits ist die Prostituierte jetzt einer Bestrafung wegen Gewerbsunzucht nicht mehr ausgesetzt. Ihr Treiben wird geduldet, aber nur — und dies ist sehr wichtig — innerhalb des Polizeibezirkes, welcher die Aufsicht verfügt hat. Treibt sie auch an einem andern Ort Gewerbsunzucht, so macht sie sich strafbar wie jede andere Person, welche, ohne einer polizeilichen Aufsicht zu unterstehen, gewerbsmäßig Unzucht treibt. Denn das Strafrecht steht, wie oben ausgeführt, auf dem Standpunkt, daß nur die unter polizeilichen Schutzmaßregeln betriebene Gewerbsunzucht zu dulden, d. h. straflos zu lassen ist. Die Schutzmaßregeln gelten aber nur für den Bezirk der Polizeibehörde, welche die Aufsicht verfügt hat. Deshalb macht sich die Prostituierte, welche an einem anderen Ort als dem ihres Kontrollbezirkes Unzucht treibt, strafbar. (Vergl. hierzu die Entscheidung des Reichsgerichts in Strafsachen, Bd. XI, S. 286.)

Ausländerinnen unterliegen der Bestrafung wegen unerlaubter Gewerbsunzucht ebenso wie Inländerinnen, da die Strafgesetze des Deutschen Reiches nach § 3 des Strafgesetzbuches auf alle im Gebiete desselben begangenen strafbaren Handlungen Anwendung finden, auch wenn der Täter ein Ausländer ist. Doch dürfen Ausländerinnen, auch wenn sie nachweisbar Gewerbsunzucht treiben, der sittenpolizeilichen Aufsicht nicht unterstellt werden, sondern sie sind auszuweisen, ohne daß es einer voraufgegangenen gerichtlichen Bestrafung aus § 361 Ziff. 6 ffg. bedarf. (Ministerialerlaß vom 22. Januar 1910.)

Bei minderjährigen Ausländerinnen, welche der gewerbsmäßigen Unzucht nachgehen oder deren Eltern oder Vormünder im Inlande wohnen, ist, ehe zu ihrer Ausweisung geschritten wird, nach dem Erlaß vom 11. September 1902 zu verfahren, d. h. es ist an die Eltern oder die gesetzlichen Vertreter die amtliche Aufforderung zu richten, dem unsittlichen Treiben Einhalt zu tun. Hat dies keinen Erfolg, so können unter Umständen auch die Eltern als lästige Ausländer ausgewiesen werden, wenn sie es sich nicht ernstlich angelegen sein lassen, ihre Tochter zu einem ordentlichen Lebenswandel zurückzuführen. (Erlaß vom 22. Januar 1910.)

Ist, wie oben erwähnt, die Verhängung der sittenpolizeilichen Aufsicht durch den Ministerialerlaß vom 11. Dezember 1907 erheblich erschwert, so ist im Gegensatz hierzu und dem modernen Empfinden entsprechend, die Entlassung aus der Aufsicht bedeutend erleichtert.

Die Kontrolle ist auf Antrag sofort vorläufig aufzuheben, sobald der Nachweis eines anständigen Broterwerbes oder der Rückkehr in geordnete Verhältnisse einigermaßen erbracht wird. In diesem Falle ist nach einer Bewährungsfrist von 2—3 Monaten die Kontrolle endgültig aufzuheben.

Bei Verheiratung muß auf Antrag die sofortige endgültige Entlassung verfügt werden. Die Wiederverhängung der Kontrolle ist erst zulässig, wenn die Verheiratete ihr unsittliches Gewerbe fortsetzt, insbesondere, wenn die Ehe mit einem Zuhälter geschlossen ist.

Prostituierte, welche infolge vormundschaftsgerichtlicher Maßnahmen untergebracht sind, müssen sofort aus der Kontrolle entlassen werden. Bei freiwilligem Eintritt in eine Erziehungs- oder Besserungsanstalt sind sie für die Dauer des Aufenthaltes von der Befolgung der sittenpolizeilichen Vorschriften zu entbinden, bei nachgewiesener dauernder Besserung gänzlich von der Kontrolle zu befreien. (Ministerialerlaß vom 23. Januar 1904.)

Bei Unterbringung von Prostituierten in ein Arbeitshaus infolge erkannter Überweisung gemäß § 362 des Strafgesetzbuches ist die Entlassung aus der Kontrolle zwar nicht direkt vorgeschrieben, erscheint aber zweckmäßig. Denn die Überweisung soll doch bessernd wirken. (Korrektionelle Nachhaft.) Besteht aber nach der Entlassung aus dem Arbeitshause die sittenpolizeiliche Aufsicht noch, so könnte darin eine Erschwerung der Rückkehr in geordnete Verhältnisse liegen, was möglichst zu vermeiden ist.

Eine Übertretung sittenpolizeilicher Vorschriften gemäß § 361 Ziff. 6 des Strafgesetzbuches hat zur Voraussetzung, daß die betreffende Person wegen gewerbsmäßiger Unzucht einer polizeilichen Aufsicht unterstellt ist und daß sie der zur Sicherung der Gesundheit, der öffentlichen Ordnung und des öffentlichen Anstandes erlassenen polizeilichen Vorschriften zuwidergehandelt hat.

Dieser Tatbestand unterscheidet sich dadurch sehr erheblich von dem Tatbestand anderer Strafvorschriften, daß er bezüglich der einzelnen Normen, deren Verletzung strafbar ist, auf landesrechtliche Bestimmungen verweist, während sonst im Strafgesetzbuch der Grundsatz der Tatbestandsspezialisierung genau durchgeführt ist. Die Sittenkontravention ist also ein sogenanntes Blankettgesetz, bei welchem die Aufstellung der Normen, deren Verletzung bestraft werden soll, anderweitig vorbehalten bleibt. (Olshausen a. a. O. II, 1459, Frank a. a. O. 627.) Hier handelt es sich, wie bereits erwähnt, um Vorschriften polizeirechtlicher Natur, welche vom Landesrecht aufzustellen sind. Die Befugnis hierzu erfolgt in Preußen aus der allgemeinen Klausel des § 10 Teil II Tit. 17 des Landrechts.

Derartige Vorschriften sind demnach polizeirechtlich als Verwaltungsakte, als eine Betätigung des polizeilichen Verfügungsrechtes anzusehen.

Die Vorschriften müssen sich in den Grenzen halten, die der alleinige Zweck der Maßregel, nämlich die Sicherung der öffentlichen Ordnung und Gesundheit erfordert. Zur Erreichung dieses Zweckes können Beschränkungen im Verkehr an öffentlichen Orten, namentlich aber auch Wohnungsbeschränkungen auf bestimmte Straßen angeordnet werden. Die Polizei ist befugt, den unter Aufsicht stehenden Personen das Wohnen in bestimmten Häusern und in Häusern bestimmter Straßen zu untersagen. (Entscheidung des Oberverwaltungsgerichts Bd. III, S. 338, v. Arnstedt, Das preußische Polizeirecht, 1905/07, Bd. II, S. 398.) Es kann aber auch bei erheblicher Gefährdung der Allgemeinheit einer unter sittenpolizeilicher Aufsicht stehenden Person das Wohnen im Hause ihres Ehemannes und sogar in ihrem eigenen Hause auf Grund des § 10 T. II Tit. 17 des Landrechts untersagt werden. (Preußisches Verwaltungsblatt Bd. 7, S. 352, Bd. 24, S. 101, Friedrichs, Polizeigesetz, S. 245.)

Da alle diese Beschränkungen auf der gesetzlichen Grundlage des § 10 T. II Tit. 17 des Landrechts beruhen, so kann hierbei von einer verfassungswidrigen Beschränkung der persönlichen Freiheit nicht die Rede sein. Denn nach Artikel 5 der preußischen Verfassung ist die persönliche Freiheit zwar grundsätzlich gewährleistet, es kann aber eine Beschränkung durch Gesetz angeordnet werden. (Näheres hierüber in meiner Dissertation S. 33—36.)

Die Vorschriften, welche über das Wohnen der Prostituierten erlassen werden können, bieten die Möglichkeit, die Quartiere in bestimmten Gegenden zusammenzudrängen und dadurch Berührungen mit anderen Kreisen des Publikums zu verringern. Die Einweisung in besondere Prostituiertenwohnungen ist an sich statthaft. Doch dürfen die Bewohnerinnen zu den Hauseigentümern lediglich in einem mietsrechtlichen Verhältnis stehen. Jeder weitere Einfluß des Vermieters auf die Prostituierten, jede Beteiligung an deren Einnahmen, jede Erschwerung des Auszuges, jede Verabfolgung von Genußmitteln an die Mieterinnen sowie deren Besucher, ist unbedingt zu verhindern. (Ministerialerlaß vom 11. Dezember 1907.) Zuwiderhandlungen sind nach Maßgabe des § 180 des Strafgesetzbuches und der §§ 33,

147 I der Gewerbeordnung zu verfolgen. (Entscheidung des Reichsgerichts in Strafsachen Bd. I, S. 88.)

Sehr wichtig sind die zum Schutz der öffentlichen Gesundheit erlassenen Vorschriften.

Alle der polizeilichen Aufsicht unterstehenden Personen sind verpflichtet, sich in regelmäßigen Abständen einer ärztlichen Untersuchung zu unterwerfen, und im Falle festgestellter Geschlechtskrankheit die polizeilichen Anordnungen zu befolgen. (Das nähere hierüber im § 4.)

Die Übertretung einer sittenpolizeilichen Vorschrift ist gemäß §§ 361 Ziff. 6 des Strafgesetzbuches und 161 der Strafprozeßordnung eine von Amts wegen zu verfolgende strafbare Handlung. Daraus folgt, daß die sämtlichen Bestimmungen des allgemeinen Teiles im Strafgesetzbuch bei der Bearbeitung der Sittenpolizeikontravention zu berücksichtigen sind, besonders die Vorschriften über die Strafausschließungs- und Milderungsgründe, über die Verjährung (3 Monate), und über den Versuch. (Versuch einer Übertretung ist nicht strafbar.)

Grundlage für eine Bestrafung ist zunächst, daß die Prostituierte weiß, daß sie unter Kontrolle steht, und daß ihr die Vorschriften bekannt gegeben sind. Dies geschieht zweckmäßig und in rechtswirksamer Weise durch mündliche Eröffnung zu Protokoll. (Jahrbuch der Entscheidungen des Kammergerichts, Bd. 14 S. 398, 399, Preuß. Verwaltungsblatt Bd. 20, 250, Friedrichs, Polizeigesetz, 205.)

Es genügt aber auch, falls die Unterschrift verweigert wird, die amtliche Feststellung, daß die Verfügung über die verhängte Aufsicht und die Vorschriften vorgelesen sind.

Für die Bestrafung wegen Sittenpolizeikontravention, welche nur mit Haft und Überweisung geahndet wird, sind die Schöffengerichte zuständig. Die Verhandlungen sind also stets an die zuständige Amtsanwaltschaft abzugeben, welcher es freisteht, die öffentliche Anklage zu erheben, oder gemäß §§ 447 fg. der Strafprozeßordnung einen amtsrichterlichen Strafbefehl zu beantragen.

Die Überweisung an die Landespolizeibehörde gemäß § 362 des Strafgesetzbuches ist eine Nebenstrafe aus § 361 Ziff. 6, und kann nur gerichtlich verhängt werden. In diesem Falle ist die Landespolizeibehörde, d. h. der Regierungspräsident, im Landespolizeibezirk Berlin der Polizeipräsident von Berlin, berechtigt, die verurteilte Person auf die Dauer von 2 Jahren in einem Arbeitshause unterzubringen.

Nach dem Ministerialerlaß vom 11. Dezember 1907 ist die Überweisung bei Verstößen gegen die zur Sicherung der Gesundheit dienenden Vorschriften stets zu beantragen, weil derartige Übertretungen eine erhebliche Gefahr für die Allgemeinheit enthalten.

Im übrigen sind nach dem erwähnten Erlaß die Vorschriften human zu handhaben und Bestrafungen wegen unerheblicher Verstöße gegen die Vorschriften zu vermeiden. In solchen Fällen ist zunächst mit Verwarnungen vorzugehen. Strafanzeigen sind nur bei fortgesetztem und böswilligem Zuwiderhandeln zu erstatten.

Polizeiliche Strafverfügungen (sogenannte Strafmandate) in Gemäßheit des Gesetzes vom 23. April 1883 sollen bei Sittenpolizeikontraventionen nicht ergehen. (Ministerialerlaß vom 11. Dezember 1907.)

Ebenso unzulässig sind bei Sittenpolizeikontraventionen Festsetzungen von polizeilichen Exekutivstrafen gemäß § 132 des Gesetzes über die allgemeine Landesverwaltung vom 30. Juli 1883, da die Übertretung sittenpolizeilicher Vorschriften stets einen besonderen strafrechtlichen Tatbestand bildet.

Doch ist die eventuelle Anwendung unmittelbaren Zwanges nicht beschränkt. (Entscheidungen des Oberverwaltungsgerichts Bd. 3 S. 278, Bd. 23 S. 384.)

Auch Maßnahmen in Gemäßheit des Gesetzes zum Schutz der persönlichen Freiheit vom 12. Februar 1850 sind zulässig. Nach § 6 dieses Gesetzes sind die Polizeibehörden berechtigt, Personen in Verwahrung zu nehmen, wenn die Aufrechterhaltung der öffentlichen Ruhe, Sicherheit und Sittlichkeit es dringend erfordert. Die polizeilich in Verwahrung genommenen Personen müssen jedoch spätestens im Laufe des folgenden Tages in Freiheit gesetzt und es muß das erforderliche veranlaßt werden, um sie der zuständigen Behörde zu überweisen.

Die Verwahrungnahme ist eine rein polizeiliche Maßnahme und gänzlich unabhängig davon, ob die Handlung, die Veranlassung dazu gab, gleichzeitig nach den Strafgesetzen zu verfolgen ist. Dies trifft zu, sobald es sich um eine Person handelt, die der sittenpolizeilichen Aufsicht untersteht. Denn wenn sie Anlaß zum Einschreiten gemäß § 6 des Gesetzes vom 12. Februar 1850 gegeben hat, so liegt gleichzeitig ein Verstoß gegen die sittenpolizeilichen Vorschriften vor, welche den Prostituierten ein ruhiges, die öffentliche Ordnung nicht störendes Verhalten zur Pflicht machen.

In diesem Falle ist seitens des einschreitenden Beamten unter Erwähnung der Verwahrungnahme gleichzeitig eine Anzeige wegen Sittenpolizeiübertretung zu machen.

---

§ 3.

Allgemeine Bemerkungen über den praktischen Dienst.

Vernehmungen.

Die Veranlassung zum ersten sittenpolizeilichen Einschreiten ist in der Regel eine Anzeige. Diese erfolgt entweder von Beamten (Patrouillen), also auf Grund eigener Wahrnehmungen, oder seitens einer Privatperson, häufig durch anonymes Schreiben. Enthält ein derartiges Schreiben klar die Beschuldigung der Gewerbsunzucht, so müssen, da eine strafbare Handlung behauptet wird, entsprechende Ermittlungen angestellt werden. Denn die Polizei ist nach § 161 der Strafprozeßordnung gesetzlich verpflichtet, strafbare Handlungen zu erforschen. Es sind also die etwa vorhandenen Zeugen zu hören und sodann gegebenenfalls die beschuldigte Person verantwortlich zu vernehmen. Diese Vernehmung ist die Grundlage für alle weiteren Maßregeln und haben deshalb in möglichst gründlicher Weise zu erfolgen. Hierfür ist es vor allem erforderlich, daß der vernehmende Beamte über die Tatbestandsmerkmale des Delikts der Gewerbsunzucht vollkommen unterrichtet ist, um hiernach seine Fragen einrichten zu können. Er muß wissen, daß Gewerbsunzucht nur in Frage kommen kann, wenn die beschuldigte Person mit einem beliebigen ihr in den Weg kommenden Mann gegen Bezahlung Unzucht getrieben hat, daß aber der unzüchtige Verkehr gegen Entgelt mit einem bestimmten oder mehreren bestimmten Männern nicht Gewerbsunzucht im Sinne des Gesetzes ist, und daß die sogenannten „Verhältnisse" die Polizei gar nichts angehen.

Bei der Vernehmung ist gleichzeitig auf die eingehende Ermittlung der Familien- und Erwerbsverhältnisse Bedacht zu nehmen, da diese für die Beurteilung der gesamten Lage von erheblicher Bedeutung sind.

Bei Vernehmungen wegen Sittenpolizeikontravention ist stets der Tatbestand der verletzten Vorschrift zu erörtern, auch wenn die Übertretung zugegeben wird. Die bloße Erklärung z. B. in der Form:

> „Ich gebe zu, mich der Übertretung des Passus 4 der Vorschriften schuldig gemacht zu haben"

genügt nicht. Es muß aus der Vernehmung der genaue Tatbestand der betreffenden Vorschrift hervorgehen.

Dasselbe gilt für die Anzeigen wegen Sittenpolizeikontravention. Es muß klar zum Ausdruck gebracht werden, in welcher Weise gegen die Vorschriften verstoßen worden ist, da diese die gesetzliche Grundlage für die Erhebung der Anklage bilden. Es empfiehlt sich hierbei, möglichst den Wortlaut des Formulars der Vorschriften anzuwenden, und alle Ausdrücke zu vermeiden, die darin nicht enthalten sind. Auch muß, wenn in der Vorschrift zum Beispiel das Umherstreifen in anstößiger Weise verboten ist, in der Anzeige dargelegt werden, inwiefern das Umherstreifen anstößig gewesen ist. Die meisten Vorschriften verbieten das Zusammengehen und -stehen von unter Aufsicht stehenden Prostituierten. In der Anzeige muß dann gesagt werden, daß jede der beiden Personen von der anderen weiß, daß sie unter Kontrolle steht. Bei Übertretung der zum Schutze der Gesundheit erlassenen Vorschriften ist eine besonders gründliche Prüfung erforderlich, da nach dem Ministerialerlaß vom 11. Dezember 1907 stets die Überweisung an die Landespolizeibehörde zu beantragen ist. Es muß deshalb genau die Berechtigung der etwa vorgebrachten Entschuldigungen nachgeprüft werden. Soweit Krankheit als Entschuldigungsgrund angegeben wurde, ist einem Polizeiarzt die Prüfung der als Beweis der Krankheit eingereichten Atteste, Rezepte usw., erforderlichenfalls auch die Untersuchung der Prostituierten zu übertragen. (Ministerialerlaß vom 11. Dezember 1907.)

Beobachtungen und Ermittelungen.

Jede Polizeibehörde hat für eine ausreichende ständige Beobachtung des sittenpolizeilichen Zustandes ihres Bezirkes Sorge zu tragen. Dies geschieht durch Patrouillen von Schutzmännern. Hierfür sind nur ruhige, durchaus zuverlässige Beamte sorgfältig auszuwählen. Sie haben bei Erfüllung ihrer Aufgaben jedes Aufsehen zu vermeiden, den Frauenspersonen mit Ruhe und Gemessenheit zu begegnen, sich insbesondere jedes schroffen Verhaltens und aller unangemessenen Bemerkungen zu enthalten. Sie müssen sich Takt und einen sicheren Blick anzueignen wissen, damit Mißgriffe unter allen Umständen vermieden werden. (Ministerialerlaß vom 28. Februar 1899.)

Die Aufgabe der Patrouillen besteht einmal darin, die unter Aufsicht stehenden Prostituierten auf die genaue Befolgung der sittenpolizeilichen Vorschriften zu kontrollieren. Dann aber namentlich darin, auf solche Personen zu achten, welche Gewerbsunzucht treiben, ohne der sittenpolizeilichen Aufsicht zu unterstehen. Diese Aufgabe stellt an das Taktgefühl und die Zuverlässigkeit der Beamten die größten Ansprüche. Denn die heimlichen Prostituierten sind vielfach äußerlich durchaus nicht als solche kenntlich und betreiben ihr Gewerbe meistens sehr vorsichtig. Da bedarf es zur Überführung der genauesten

Beobachtung, welche aber doch stets unauffällig zu erfolgen hat. Dieser Grundsatz ist auch bei allen anderen Beobachtungen, welche erforderlich werden, zu beachten. Namentlich in dem Falle, daß eine Person von einem Orte, an welchem sie früher einmal unter sittenpolizeilicher Aufsicht stand oder Vorgänge hat, in einen anderen Ort verzieht. Der Abzugsort ist dann nämlich verpflichtet, der Behörde des Zuzugsortes unaufgefordert die nötigen Mitteilungen über die zugezogene Person zu machen. Der Behörde des Zuzugsortes liegt es jetzt ob, Ermittelungen über den jetzigen Lebenswandel der zugezogenen Person anzustellen. Diese Ermittelungen haben nun stets in durchaus schonender und unauffälliger Weise zu erfolgen. Die Beamten haben hierbei alles zu vermeiden, was die Annahme einer polizeilichen Beobachtung rechtfertigen könnte. Zu vermeiden ist besonders jede Nachfrage bei Dienstherrschaften und Arbeitgebern.

Auskünfte.

Dienstgeheimnis ist alles, was der Beamte durch seine amtliche Tätigkeit erfährt, dies ist von den Beamten der Sittenpolizei streng zu beachten. Eine Ausnahme gilt für Auskünfte an Eltern, Ehegatten und Vormünder. Diese haben ein berechtigtes Interesse, zu erfahren, ob ihre Kinder, Ehegatten und Mündel der sittenpolizeilichen Aufsicht unterstellt sind. Deshalb sind derartige Auskünfte auf Ersuchen grundsätzlich zu erteilen, sofern nicht im Einzelfall besondere Bedenken entgegenstehen. (Ministerialerlaß vom 22. Dezember 1900.)

In derselben Weise ist zu verfahren, wenn Hauseigentümer und Hausverwalter, welche als solche bekannt sind oder sich in ausreichender Weise legitimieren, über Mieterinnen Auskunft wünschen, sofern ein zur Berücksichtigung geeignetes Interesse des Antragstellers dargetan wird und auch sonstige Bedenken den Umständen nach ausgeschlossen erscheinen. (Ministerialerlaß vom 3. März 1890.) Doch gilt dies nur, wenn Mieterinnen der sittenpolizeilichen Aufsicht unterstehen. Sind nur Vorgänge wegen Verdachts der Gewerbsunzucht vorhanden, so ist die Auskunft grundsätzlich abzulehnen.

Die Jugendlichen. Rettungsarbeit.

Nach dem preußischen Verwaltungsrecht kommen, wie oben bereits erwähnt, sittenpolizeiliche Maßnahmen bei Personen unter 18 Jahren grundsätzlich nicht zur Anwendung, bei den übrigen Minderjährigen (Personen zwischen 18 und 21 Jahren) nur ausnahmsweise, wenn die vorgeschriebene Benachrichtigung des gesetzlichen Vertreters und des Vormundschaftsgerichts erfolglos gewesen ist. Trotzdem hat sich die Polizei mit jugendlichen, Gewerbsunzucht treibenden Personen in gewisser Weise zu beschäftigen. Sie hat zunächst den Tatbestand aufzuklären und alles zu veranlassen, um die Rückkehr zu einem ordentlichen Lebenswandel zu ermöglichen.

Falls es einer Vernehmung der jugendlichen Person bedarf, so ist diese in durchaus schonender Weise anzustellen und durchzuführen. Es wird hierbei nicht nur darauf ankommen, mit Klarheit festzustellen, ob Gewerbsunzucht im Sinne des Gesetzes vorliegt, sondern vor allem einen zuverlässigen Eindruck der Persönlichkeit, der Familien- und Erwerbsverhältnisse der Eltern zu erhalten. Namentlich ist ermittlungsbedürftig, in welcher Umgebung die jugendliche Person sich bewegt hat, welche Einflüsse auf ihren jetzigen Lebenswandel eingewirkt haben. Dies ist für die nun einzusetzende Tätigkeit der Rettungsvereine von großem Wert. Der Einfluß älterer verdorbener Mädchen auf jüngere ist ein ungeheurer, oft geradezu dämonischer. Ihn zu beseitigen oder doch unschädlich zu machen, wird in den meisten Fällen als die wichtigste Voraussetzung für die Rückkehr in geordnete Verhältnisse bezeichnet werden müssen. Dies gilt auch für Erwachsene, die der Gewerbsunzucht zu verfallen drohen. Allerdings ist bei diesen eine Einwirkung viel schwerer, da hier oft kompliziertere Einflüsse in Betracht kommen, als bei jugendlichen Personen, bei denen schließlich immer noch eine zwangsweise Einwirkung der Eltern, der gesetzlichen Vertreter oder des Vormundschaftsgerichts möglich ist.

Die Frage, wie sittlich gefährdeten Frauen und Mädchen geholfen werden kann, ist problematisch und beschäftigt in unserer Zeit der sozialen Fürsorge Behörden und Rettungsvereine in hohem Grade. Es ist bezeichnend für den humanen Geist des Ministerialerlasses vom 11. Dezember 1907, daß hier der Polizei zur Pflicht gemacht wird, sich mit den Rettungsvereinen in Verbindung zu setzen.

Es heißt in dem Erlaß: „Um gefallenen Frauen und Mädchen die Rückkehr zu anständigem Lebenswandel zu erleichtern, ist die dauernde Mitwirkung einer mit den Bestrebungen der Rettungsvereine vertrauten Dame erwünscht und herbeizuführen, welcher täglich Zutritt und freiester Verkehr mit den eingelieferten weiblichen Personen zu gestatten ist.“

Die Durchführung dieses Erlasses hat vielfach, namentlich in großen städtischen Polizeiverwaltungen zur Anstellung von Damen geführt. (Polizeiassistentinnen, Polizeischwestern.)

Der Zweck der Vorschrift ist aber auch auf die Weise erreichbar, daß seitens der Polizei eine Angestellte eines Rettungsvereines zum ständigen Zutritt bei der Behörde zugelassen wird, und daß dieser Dame alle Personen, die zum ersten Male mit der Sittenpolizei zu tun haben, vorgeführt, ihr auch die Personalakte und sonstigen Vorgänge, die für die Liebestätigkeit von Interesse sind, zugänglich gemacht werden. In dieser Weise wird in den königlichen Polizeiverwaltungen des Landespolizeibezirkes Berlin verfahren. Daß diese Damen nicht Beamteneigenschaft haben, also in keinem Abhängigkeitsverhältnis stehen, wird von den Damen selbst als erwünscht und vorteilhaft für die Rettungsarbeit bezeichnet.

Von den Rettungsvereinen, mit welchen in Verbindung zu treten ist, werden diejenigen zu bevorzugen sein, die über ein eigenes Heim für sofortige Aufnahme, womöglich außerhalb der Stadt, verfügen. Denn ein sofortiges Herausbringen der gefährdeten Person aus der sie gefährdenden Umgebung erscheint am ehesten geeignet, eine dauernde Besserung herbeizuführen. (In den mir bekannten Fällen, wo das Eingreifen der Rettungsvereine Erfolg hatte, war in der Weise verfahren worden.) Aber meistens wollen oder können die gefährdeten Personen nicht aus ihrer bisherigen Umgebung heraus, weil sie eine eigene Wohnung haben oder durch andere Umstände gehindert sind. Da gestaltet sich dann die Rettungsarbeit außerordentlich schwierig. Die Beamten der Sittenpolizei sollen aber auch in diesen Fällen stets bemüht sein, den Damen der Rettungsvereine jeden möglichen Beistand zu gewähren und ihre idealen Bestrebungen nach Kräften zu unterstützen.

---

§ 4.

Die Bekämpfung der Geschlechtskrankheiten.

Die wichtigste Aufgabe bei der Behandlung der Prostitution liegt auf gesundheitspolizeilichem Gebiete, in der Bekämpfung der Verbreitung der Geschlechtskrankheiten. Diese Aufgabe ist gleichzeitig die schwierigste. Sie ist so schwer, daß die Anhänger der abolitionistischen Bewegung schon darin allein den Hauptgrund für die Abschaffung jeder staatlichen Reglementierung finden. Sie sagen: Die Heilung der Geschlechtskrankheiten ist trotz des hohen Standes der medizinischen Wissenschaft bei gewöhnlichen Menschen schon schwierig. Den Prostituierten gegenüber ist aber die gesundheitspolizeiliche Überwachung völlig zwecklos, eine Heilung ist so gut wie ausgeschlossen, da die Prostituierten jederzeit in der Lage sind, sich der Untersuchung und einer dauernden Behandlung zu entziehen.

Demgegenüber ist zu sagen, daß eine definitive Heilung gar nicht das Ziel der gesundheitspolizeilichen Überwachung ist. Es handelt sich vielmehr darum, die von den Prostituierten ausgehenden A n s t e c k u n g s g e f a h r e n zu beseitigen, geschlechtskranke Prostituierte als Infektionsquellen auszuschalten. Dies ist der allein zur Zwangsbehandlung berechtigende volksgesundheitliche Zweck der sanitätspolizeilichen Überwachung der Prostitution. Dieses Ziel ist erreichbar und für die Bekämpfung der Verbreitung der Geschlechtskrankheiten von höchst vorteilhafter Wirkung. Dagegen führt das Fehlen jeder gesundheitspolizeilichen Überwachung der Prostituierten zu einer kolossalen Verbreitung der Geschlechtskrankheiten. Dies zeigt das Beispiel von England, wo die abolitionistischen Anschauungen zur Herrschaft gekommen sind. (Kirchner, Die gesetzlichen Grundlagen der Seuchenbekämpfung, Jena 1907, S. 186.)

Gesetzgebung und Verwaltung in Preußen haben sich von jeher mit der Frage nach einer möglichst wirksamen Handhabung der sanitätspolizeilichen Aufsicht beschäftigt. Schon das preußische Seuchen-Regulativ von 1835 führt Syphilis und Krätze als anzeigepflichtig an.

Die heutige gesundheitspolizeiliche Überwachung der Prostitution beruht auf dem preußischen Gesetz betreffend die Bekämpfung übertragbarer Krankheiten vom 28. August 1905 und den dazu ergangenen allgemeinen Ausführungsbestimmungen vom 15. September 1906.

Nach § 9 Absatz 2 des Gesetzes kann bei Syphilis, Tripper und Schanker eine zwangsweise Behandlung der erkrankten Personen, sofern sie gewerbsmäßig Unzucht treiben, angeordnet werden, wenn dies zur wirksamen Verhütung der Ausbreitung der Krankheit erforderlich erscheint.

Hierzu verordnen die allgemeinen Ausführungsbestimmungen:

> „Personen, welche gewerbsmäßig Unzucht treiben, sind anzuhalten, sich an bestimmten Orten und zu bestimmten Tagen und Stunden zur Untersuchung einzufinden. Wird bei dieser Untersuchung festgestellt, daß sie an Syphilis, Tripper oder Schanker leiden, so sind sie anzuhalten, sich ärztlich behandeln zu lassen. Es empfiehlt sich, durch Einrichtung öffentlicher ärztlicher Sprechstunden, diese Behandlung möglichst zu erleichtern. Können die betreffenden Personen nicht nachweisen, daß sie diese Sprechstunden in dem erforder-

lichen Umfange besuchen, oder besteht begründeter Verdacht, daß sie trotz ihrer Erkrankung weiter der gewerbsmäßigen Unzucht nachgehen, so sind sie unverzüglich in ein geeignetes Krankenhaus überzuführen und aus demselben nicht zu entlassen, bevor sie geheilt sind."

Voraussetzung für eine Behandlung ist stets die Feststellung einer der bezeichneten Geschlechtskrankheiten, die nur möglich ist auf Grund eingehender körperlicher Untersuchung, die von Ärzten oder Ärztinnen, welche in Deutschland approbiert sind, vorzunehmen ist.

Die Untersuchung der unter sittenpolizeilicher Aufsicht stehenden Prostituierten muß nach dem gemeinschaftlichen Erlaß des Ministers der Medizinalangelegenheiten, des Innern und des Krieges vom 13. Mai 1898 wöchentlich zweimal erfolgen. Doch ist für die Berliner Sittenpolizei- und neuerdings auch für die Königlichen Polizeiverwaltungen im Landespolizeibezirk Berlin die Untersuchung nach Gefahrenklassen vorgeschrieben. Hiernach werden die Prostituierten je nach ihrer gesundheitlichen Gefährdung und Gefährlichkeit in drei Klassen eingeteilt. Die erste Klasse umfaßt einmal die Prostituierten bis zum 24. Lebensjahr, sodann

a) die, welche noch nicht länger als 1 Jahr unter Aufsicht stehen,

b) von den Syphilitikerinnen diejenigen, bei denen noch nicht 3 Jahre seit dem ersten Ausbruch der Krankheit verstrichen sind,

c) diejenigen Prostituierten, die aus äußeren Gründen, namentlich wegen Kontrollentziehung, als besonders überwachungsbedürftig erscheinen.

Alle diese Prostituierten haben sich in der Woche zweimal zu stellen.

Die zweite Klasse, umfassend die Prostituierten vom beginnenden 25. bis zum vollendeten 34. Lebensjahre, stellt sich in der Woche einmal.

Die dritte Klasse, umfassend die über 34 Jahre alten Prostituierten, stellt sich alle 2 Wochen einmal.

Besteht für eine Prostituierte eine mehrfache Aufsicht, wie es in benachbarten Großstädten häufig vorkommt, so stellt sich die Prostituierte zunächst an ihrem Wohnort. Verzieht sie in einen Ort, an welchem sie auch der Aufsicht untersteht, so stellt sie sich an dem bisherigen Wohnort so lange, bis sie an ihrem neuen Wohnort zu den Untersuchungen herangezogen wird.

Bezüglich der Art und Weise, wie bei den Untersuchungen zu verfahren ist, insbesondere auf welche Körperteile die Untersuchungen sich zu erstrecken haben, ist in dem bereits erwähnten Ministerialerlaß vom 13. Mai 1898 das Nähere bestimmt worden. Zugleich ist in diesem Erlaß bei Tripperverdacht die mikroskopische Sekretenuntersuchung auf Gonokokken empfohlen worden. Diese ist darauf bei der Berliner Sittenpolizei und jetzt auch bei den Sittenabteilungen im Landespolizeibezirk Berlin zur Einführung gelangt.

Der gesundheitspolizeiliche Erfolg der mikroskopischen Gonorrhoekontrolle ist insofern ein sehr erheblicher, als hierdurch ein weit größerer Prozentsatz der Prostituierten wegen Gonorrhoe in Behandlung kommt und somit als Infektionsquelle ausgeschaltet wird.

Das Nähere hierüber findet sich in dem sehr interessanten, mit reichem statistischen Material versehenen Aufsatz des jetzigen Leiters der Berliner Sittenpolizei, Kriminal-Inspektors Dr. Güth: „Mikroskopische Gonorrhoekontrolle der Prostituierten, insbesondere in der Praxis der Berliner Sittenpolizei", Sonderabdruck aus der Zeitschrift für Bekämpfung der Geschlechtskrankheiten, Leipzig 1912, Bd. 14. Demjenigen, welcher sich über die gesundheitspolizeiliche Seite der Prostitutionsüberwachung orientieren will, kann die Lektüre dieses Aufsatzes angelegentlich empfohlen werden.

Bei Personen, welche nicht unter sittenpolizeilicher Aufsicht stehen, ist die Anordnung einer polizeiärztlichen Untersuchung wegen Gewerbsunzucht nur unter folgenden Voraussetzungen zulässig: 1. Der Tatbestand der gewerbsmäßigen Unzucht muß einwandfrei feststehen, 2. die Person will ein Attest von einem anderen Arzt nicht beschaffen, oder es liegen Umstände vor, welche die Annahme rechtfertigen, daß die Person sich der ärztlichen Behandlung entziehen werde, z. B. wenn sie ohne Wohnung ist. Die zweite Voraussetzung beruht auf den schon erwähnten allgemeinen Ausführungsbestimmungen zu § 9 des Gesetzes vom 28. August 1905. Hierzu bestimmt der Ministerialerlaß vom 11. Dezember 1907, daß in allen Orten jedes Polizeibezirkes, in welchen eine Überwachung der Prostitution erforderlich erscheint, für Vereinbarungen zwecks eventuell unentgeltlicher ärztlicher Behandlung Sorge getragen werde.

> „Die zum erstenmal wegen des Verdachts der Gewerbsunzucht polizeilich angehaltenen Personen sind unter Aushändigung eines Verzeichnisses der vorhandenen öffentlichen Sprechstunden mit der Auflage zu entlassen, sich dort vorzustellen und entweder unverzüglich ein Gesundheitsattest vorzulegen oder bis zur Heilung einer vorhandenen geschlechtlichen Erkrankung den Nachweis zu erbringen, daß sie in ausreichender Behandlung stehen, oder der erhaltenen ärztlichen Anweisung entsprechend ein Krankenhaus aufgesucht haben. Der polizeiärztlichen Untersuchung sind zum ersten Male betroffene Prostituierte nur dann zu unterwerfen, wenn besondere Umstände von vornherein den Verdacht rechtfertigen, daß sie sich der freien Behandlung entziehen werden."

Kommt eine Person, welche nach diesen Bestimmungen der polizeilichen Untersuchung nicht unterworfen wurde, der Aufforderung, ein ärztliches Attest einzureichen, nicht nach, so kann sie durch polizeiliche Exekutivstrafe im Wege der Verfügung gemäß § 10 Teil II Titel 17 des Allgemeinen Landrechts in Verbindung mit § 132 des Gesetzes über die allgemeine Landesverwaltung vom 23. Juli 1883 hierzu angehalten werden, sofern nicht die jetzt gerechtfertigte Anordnung der polizeiärztlichen Untersuchung nach Lage der Sache angebracht erscheint.

Die ärztliche Feststellung des geschlechtlichen Gesundheitszustandes kann auch dadurch erforderlich werden, daß gegen eine weibliche Person eine Strafanzeige aus den §§ 223 fg., 230 des Strafgesetzbuches wegen Ansteckung mit einer Geschlechtskrankheit vorliegt und Strafantrag gestellt ist. Ist eine derartige Anzeige ausreichend begründet, so kann, da eine strafbare Handlung in Frage kommt, gemäß § 102 der Strafprozeßordnung eine Durchsuchung angeordnet werden zwecks Auffindung von Beweismitteln. Da als Beweismittel hier nur eine festgestellte Geschlechtskrankheit in Betracht kommen kann, so ist die von dem zuständigen Hilfsbeamten der Staatsanwaltschaft unter genauer Beachtung der §§ 102, 105 der Strafprozeßordnung anzuordnende Durchsuchung von dem Arzt durchzuführen. Der Polizeiarzt wird indessen nur ausnahmsweise, in ganz besonders dringenden Fällen, namentlich wo gleichzeitig auch der Verdacht der Gewerbsunzucht ausreichend begründet ist, hierfür in Anspruch zu nehmen sein. In der Regel wird die beschuldigte weibliche Person zur Beschaffung eines ärztlichen Attestes zu veranlassen sein. Wird die behauptete Geschlechtskrankheit tatsächlich festgestellt, so kommt es zur Bestrafung aus § 223 noch darauf an, ob die beschuldigte Person von ihrer Erkrankung Kenntnis gehabt hat, was ihr im Falle des Bestreitens nachgewiesen werden muß. Zu diesem Zweck ist der untersuchende Arzt stets zu einem diesbezüglichen Vermerk auf dem Attest zu veranlassen. Bei der polizeiärztlichen Untersuchung ist das Ergebnis nebst dem Vermerk, ob Kenntnis nachweisbar ist, auf den vorgelegten Vorgang zu setzen.

Wird bei einer untersuchten Person das Bestehen einer der im Gesetz vom 28. August 1905 genannten Geschlechtskrankheiten einwandfrei festgestellt, so handelt es sich jetzt darum, diese Person durch eine geordnete ärztliche Behandlung nicht ansteckend zu machen. Eine definitive Heilung kann, wie oben bereits erwähnt, als Ziel der Behandlung nicht in Frage kommen, so wünschenswert dies auch im Interesse der erkrankten Person sein könnte. Der Zweck der Behandlung ist indessen vom behördlichen Standpunkt aus erreicht, sobald die von den kranken Prostituierten ausgehende Ansteckungsgefahr beseitigt ist. (Vergl. Güth, a. a. O., S. 1.)

Dieser Grundsatz ist für die ärztliche Behandlung von großer Bedeutung. Ist z. B. eine Prostituierte wegen Gonorrhoe ins Krankenhaus gekommen und ergibt eine nach ausreichender Behandlung der Gonorrhoe vorgenommene Wassermannsche Blutuntersuchung ein positives Resultat, so kann vom sittenpolizeilichen Standpunkt aus die Person jetzt nicht gegen ihren Willen zu einer antiluetischen Behandlung gezwungen werden, wenn äußere luetische Erscheinungen nicht vorhanden sind, also keine Ansteckungsgefahr droht. Denn die positive Wassermannsche Reaktion beweist nur, daß die Person einmal Lues gehabt hat und daß die Lues noch nicht völlig ausgeheilt (latent) ist. Ein Beweis für Ansteckungsgefahr ist aber damit nicht erbracht, und nur die Ansteckungsgefahr berechtigt zur Zwangsbehandlung. Es würde zu den ungeheuerlichsten Konsequenzen führen, wenn man alle diejenigen Prostituierten, bei denen eine Wassermannsche Blutuntersuchung ein positives Resultat ergibt, der Zwangsbehandlung unterwerfen wollte. Nein, nur die Ansteckungsgefahr berechtigt zur Zwangsbehandlung.

Hierfür stehen zwei Wege offen: Krankenhausbehandlung oder freie Behandlung in Gemäßheit der allgemeinen Ausführungsbestimmungen, die ich oben angezogen habe.

Für die Wahl ist maßgebend der objektive ärztliche Befund in Verbindung mit der Persönlichkeit der Erkrankten und den Verhältnissen, in denen sie sich befindet.

Die Entscheidung darüber, ob Krankenhausbehandlung oder freie Behandlung anzuordnen ist, liegt nur in den Händen der Verwaltung. Dem Arzt steht eine über das Vorschlagsrecht hinausgehende Entscheidung nicht zu.

Bei den unter Aufsicht stehenden Prostituierten wird in der Regel Krankenhausbehandlung anzuordnen sein. Doch kann auch ihnen nach dem Ministerialerlaß vom 11. Dezember 1907 nachgelassen werden, sich durch Zeugnisse bestimmter polizeilich genehmigter Anstalten oder Ärzte fortlaufend über ihren Gesundheitszustand sowie über die Behandlung in Krankheitsfällen auszuweisen.

Diese Vergünstigung darf aber nur solchen Prostituierten eingeräumt werden, deren persönliche oder sonstige Verhältnisse Sicherheit dafür bieten, daß sie den ärztlichen Verordnungen nachkommen und während der Erkrankung nicht weiter Gewerbsunzucht treiben. Dies Verfahren eignet sich für Orte mit geringer Einwohnerzahl und weniger lebhaftem Straßenverkehr, deren Polizeiverwaltungen vorschriftswidriges Verhalten der in freier Behandlung befindlichen Prostituierten leicht feststellen können. Bei nicht unter Aufsicht stehenden, der Gewerbsunzucht überführten Personen, welche geschlechtskrank sind, wird in erster Linie freie Behandlung ins Auge zu fassen sein, sofern nicht nach Lage der Sache anzunehmen ist, z. B. bei Wohnungslosigkeit, daß die Person sich der freien Behandlung entziehen werde.

Die Kosten der Untersuchungen, welche als ein Akt der unmittelbaren Polizeigewalt aufzufassen sind, hat der Staat zu tragen. Denn die Untersuchung bezweckt nur die Feststellung, ob Anlaß zu einer polizeilichen Anordnung vorliegt. Dagegen sind die Kosten der Behandlung wegen festgestellter Geschlechtskrankheit als mittelbare Polizeikosten von der zuständigen Gemeinde zu tragen. Denn hier handelt es sich um Durchführung einer polizeilichen Anordnung, um Herstellung eines polizeimäßigen Zustandes. (Entscheidung des Oberverwaltungsgerichts, Bd. 27 S. 75, 76, Bd. 28 S. 87, Bd. 40 S. 123, Ministerialerlaß vom 10. März 1908.)

Bei der Behandlung von Prostituierten, welche an einem anderen Ort als ihrem Wohnort Unzucht treiben, entsteht häufig Streit, welche Gemeinde die Kosten zu tragen hat. In dieser Hinsicht sind folgende Grundsätze von den höchsten Gerichten festgestellt worden:

1. Die Kosten sind von der Gemeinde auch für außerhalb derselben wohnende Prostituierte zu erstatten, wenn sie wegen Umhertreibens innerhalb des Gemeindebezirks von der Polizei zur Untersuchung gebracht worden sind. (Entscheidung des Oberverwaltungsgerichts vom 10. Oktober 1899, Preußisches Verwaltungsblatt, Jahrgang 21.)
2. Umfaßt ein Ortspolizeibezirk mehrere Gemeinden, so fallen die Kosten der Zwangsbehandlung regelmäßig derjenigen Gemeinde zur Last, in deren Bezirk sich die Prostituierte bei dem polizeilichen Einschreiten, welches zur Zwangsbehandlung führte, aufhielt. (Entscheidungen des Oberverwaltungsgerichts, Bd. 46 Nr. 25.)
3. Der Ort, an welchem durch ärztliche Untersuchung das Vorhandensein einer ansteckenden Geschlechtskrankheit festgestellt wurde, kommt für die Kosten der Zwangsbehandlung nicht in Frage, wenn die Prostituierte an einem anderen Ort den Anlaß zum polizeilichen Einschreiten, welches zur Feststellung der Krankheit führte, durch den Betrieb der Gewerbsunzucht gegeben hatte. (Entscheidungen des Oberverwaltungsgerichts, Bd. 46 Nr. 25.)

Erfolgt die Zwangsbehandlung im Krankenhause, so entstehen noch Kosten durch die Überführung und den Begleiter des Transportes. Die Kosten der Überführung sind ebenfalls mittelbare, von der Gemeinde zu tragende Kosten.

Dagegen sind die Kosten, welche dadurch entstehen, daß Polizeibeamte oder von der Polizeibehörde besonders angenommene Begleiter den Transport überwachen, unmittelbare Polizeiverwaltungskosten, welche vom Staat zu tragen sind. (Entscheidungen des Oberverwaltungsgerichts, Bd. 40 Nr. 24.)

Anhaltische Buchdruckerei Gutenberg e. G. m. b. H., Dessau.

Anhaltische Buchdruckerei Gutenberg, e. G. m. b. H., Dessau.